# Proverbios

www.iCharacter.org

Publicado por iCharacter Limited (Irlanda)
Creado por Agnes de Bezenac
Ilustrado por Agnes de Bezenac
Coloreado por Noviyanti W.

Copyright © 2018 iCharacter Limited ®. Todos los derechos reservados. Ninguna parte de este libro puede ser reproducida en ninguna forma, ni por ningún medio electrónico o mecánico, incluyendo sistemas de información y recuperación de la información, sin permiso del autor, excepto para reseña de libros, en las que se pueden citar breves pasajes.

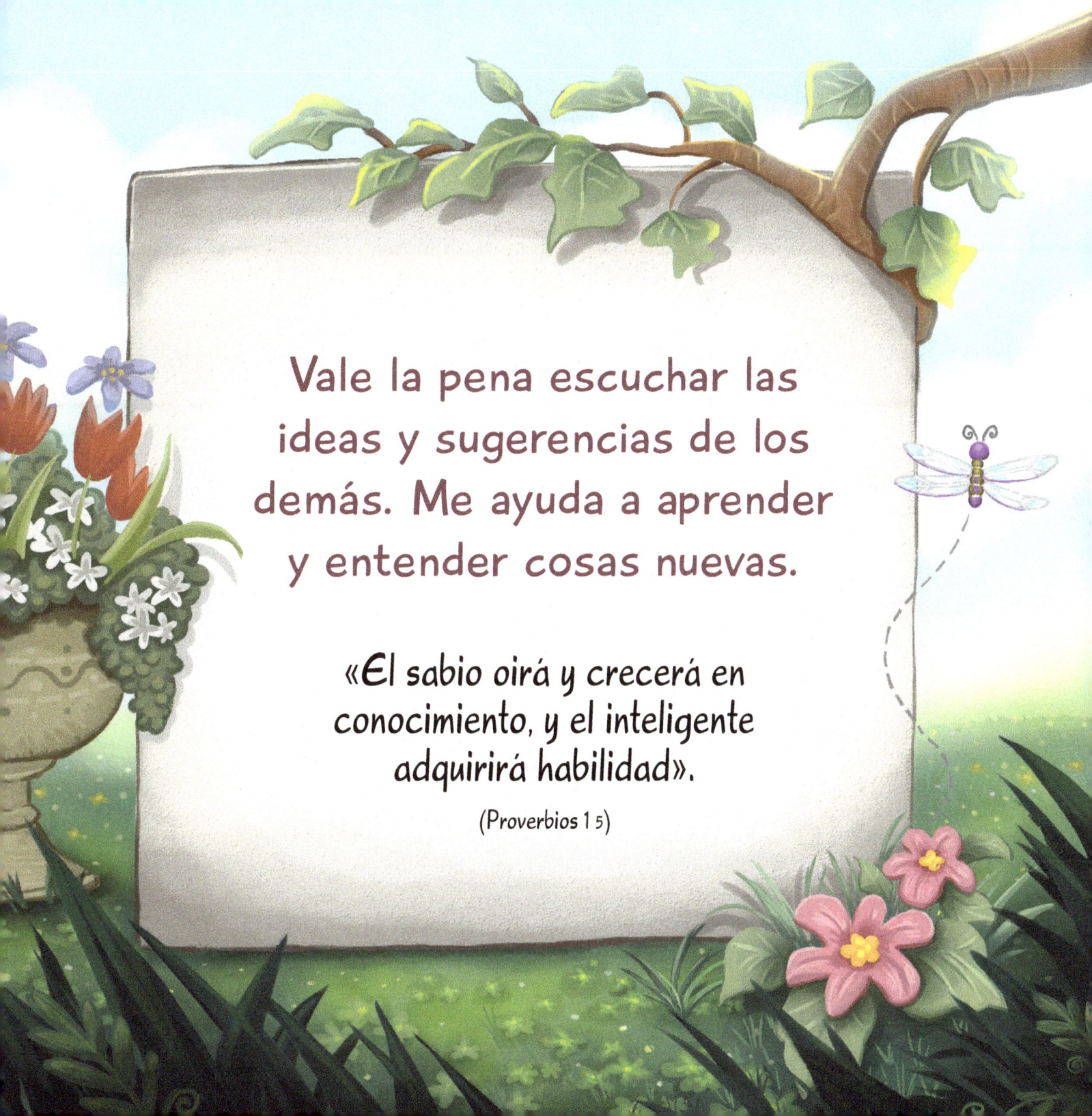

Vale la pena escuchar las ideas y sugerencias de los demás. Me ayuda a aprender y entender cosas nuevas.

«El sabio oirá y crecerá en conocimiento, y el inteligente adquirirá habilidad».

(Proverbios 1 5)

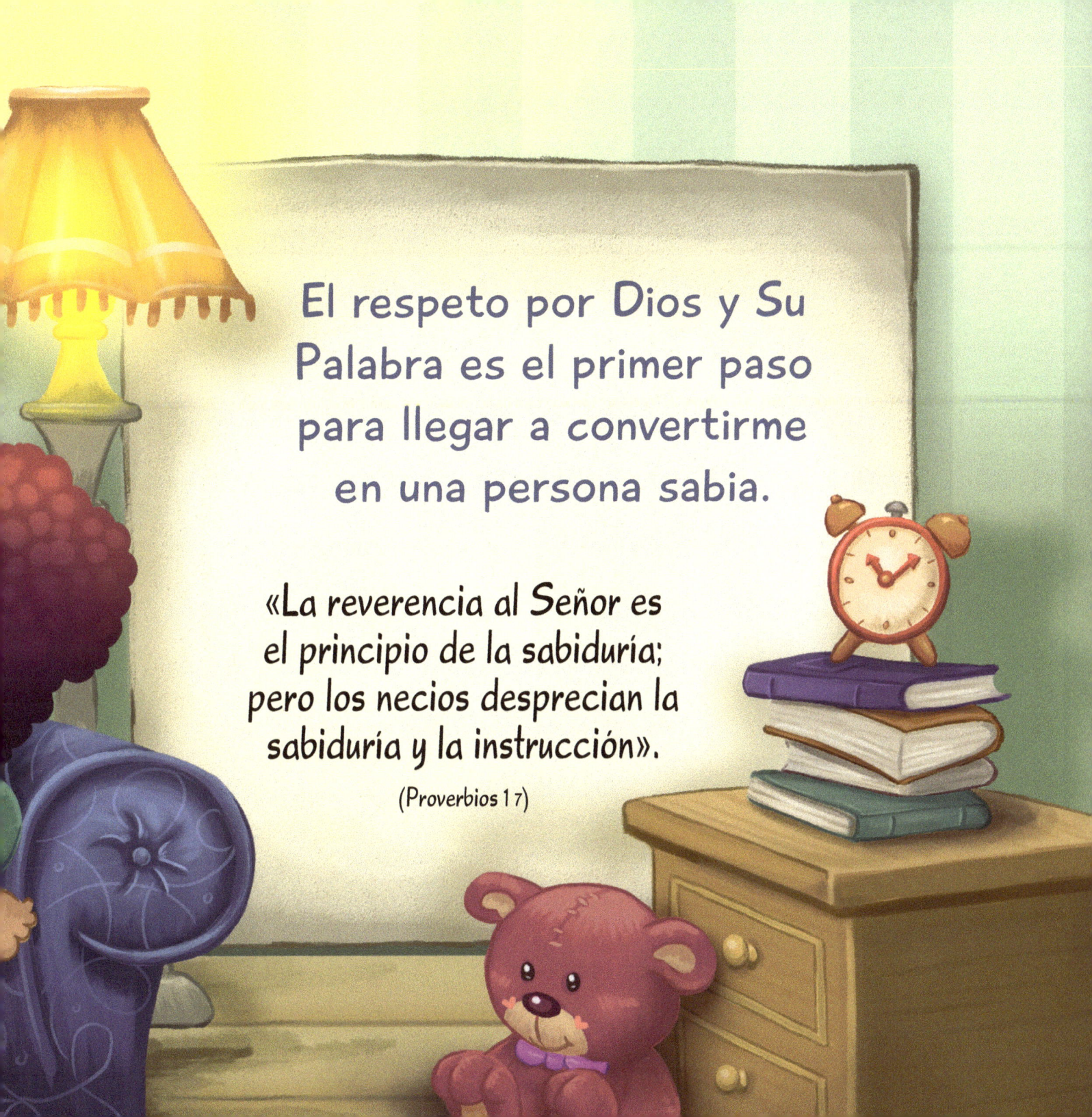

El respeto por Dios y Su Palabra es el primer paso para llegar a convertirme en una persona sabia.

«La reverencia al Señor es el principio de la sabiduría; pero los necios desprecian la sabiduría y la instrucción».

(Proverbios 1 7)

La Palabra de Dios me enseña a hacer lo que está bien. Quiero obedecerla de todo corazón.

«No te olvides de mi enseñanza, y tu corazón guarde mis mandamientos».

(Proverbios 3 1)

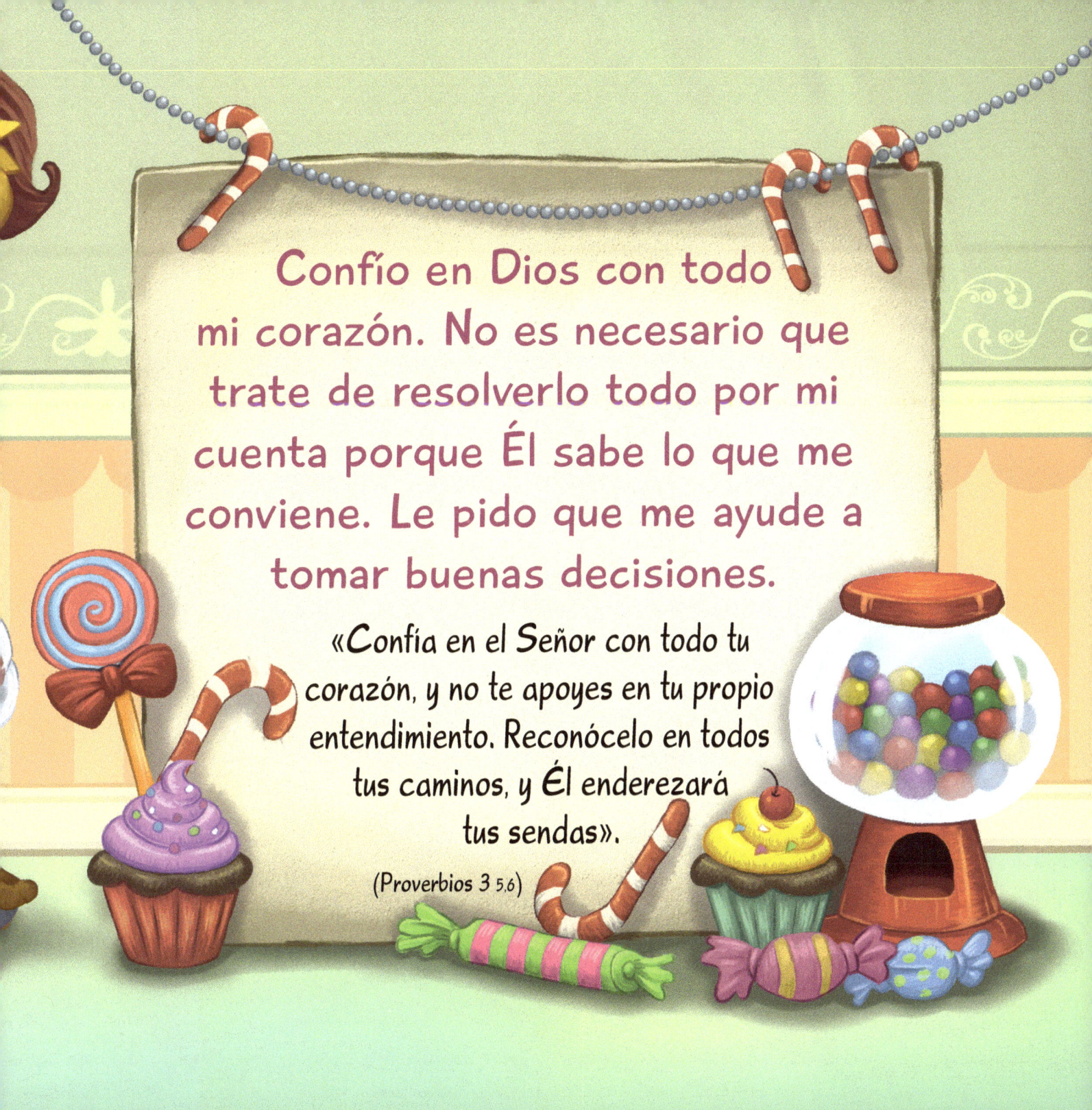

Confío en Dios con todo mi corazón. No es necesario que trate de resolverlo todo por mi cuenta porque Él sabe lo que me conviene. Le pido que me ayude a tomar buenas decisiones.

*«Confía en el Señor con todo tu corazón, y no te apoyes en tu propio entendimiento. Reconócelo en todos tus caminos, y Él enderezará tus sendas».*

(Proverbios 3 5,6)

Procuro tener pensamientos positivos porque mis pensamientos definen la manera en que hablo, me comporto y vivo.

«Con toda diligencia guarda tu corazón porque de él brotan los manantiales de la vida».

(Proverbios 4 23a)

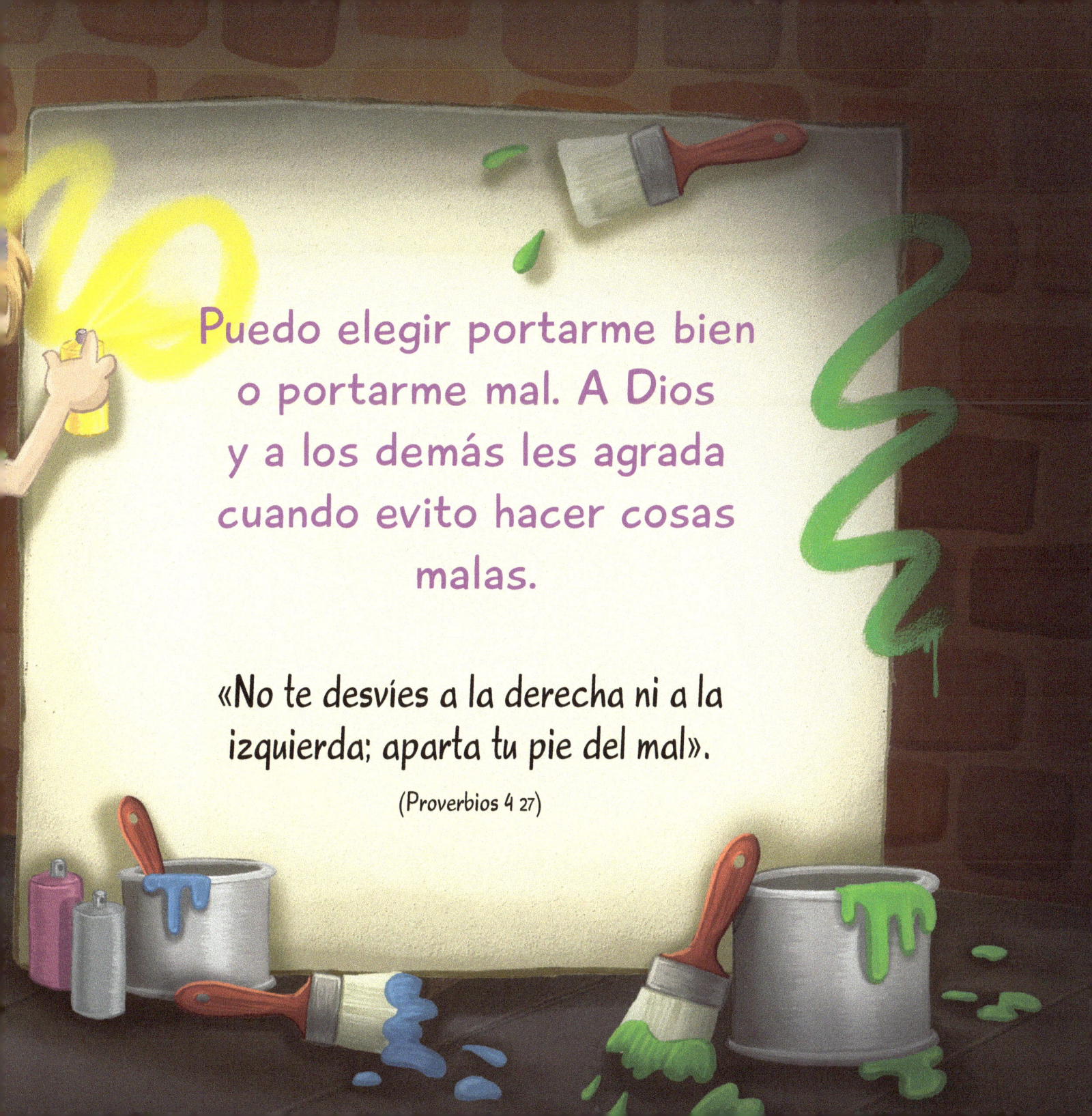

Puedo elegir portarme bien o portarme mal. A Dios y a los demás les agrada cuando evito hacer cosas malas.

«No te desvíes a la derecha ni a la izquierda; aparta tu pie del mal».

(Proverbios 4 27)

Dios me bendice cuando comparto y doy a los demás. Me siento bien cuando pienso en los demás, y a ellos también los hace felices.

«El alma generosa será prosperada, y el que riega será también regado».

(Proverbios 11 25)

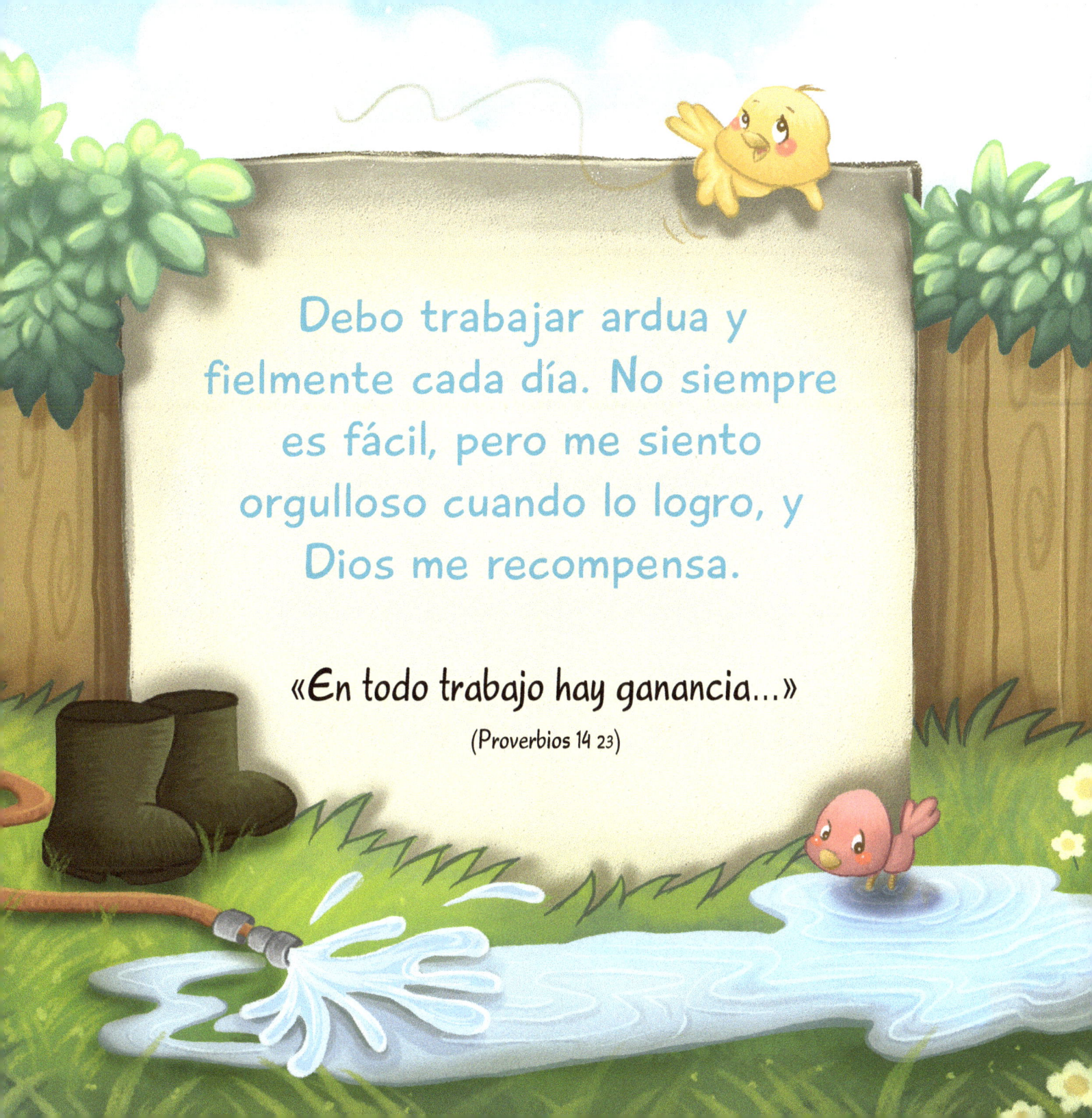

Debo trabajar ardua y fielmente cada día. No siempre es fácil, pero me siento orgulloso cuando lo logro, y Dios me recompensa.

«En todo trabajo hay ganancia...»
(Proverbios 14 23)

Si quiero ser un amigo de verdad, debo procurar ser amoroso todo el tiempo y no solo cuando deseo obtener algo a cambio.

«En todo tiempo ama el amigo».
(Proverbios 17 17)

Cuando respondo a los demás con amabilidad, me ayuda a disipar mis sentimientos de enojo. Pero si les contesto mal, eso solo hace que mis sentimientos de enojo aumenten.

«La respuesta suave aparta el enojo, pero la palabra hiriente hace subir la ira».

(Proverbios 15 1)

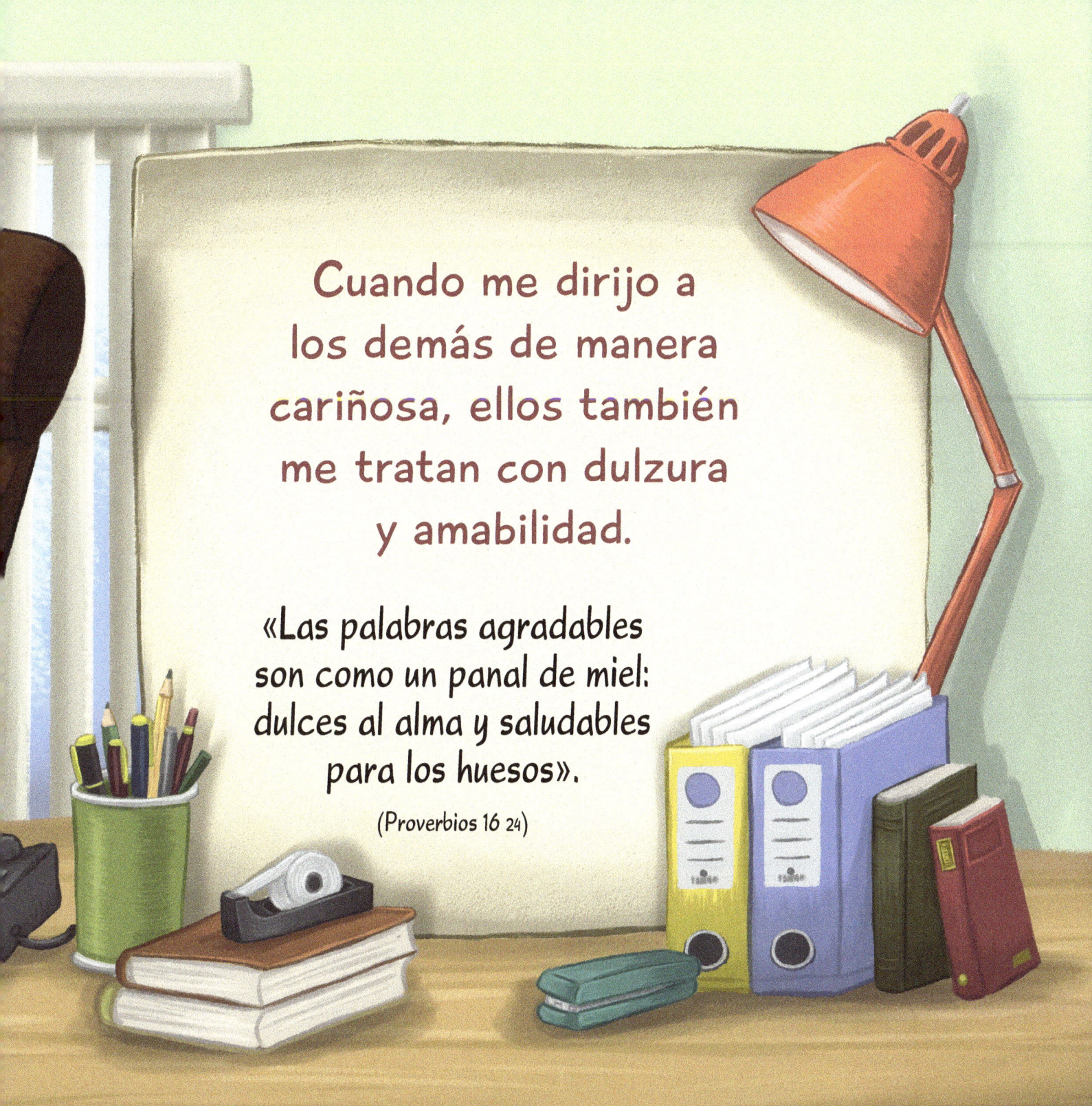

Ser honestos es lo ideal porque Dios todo lo sabe. Él ve cuando obro bien y también me ve cuando obro mal.

«En todo lugar están los ojos del Señor, observando a los malos y a los buenos».
(Proverbios 15 3)

Cuando oro y le pido a Dios que me ayude en lo que hago, todo me sale mucho mejor.

«Encomienda tus obras al Señor y tus propósitos se afianzarán».

(Proverbios 16 3)

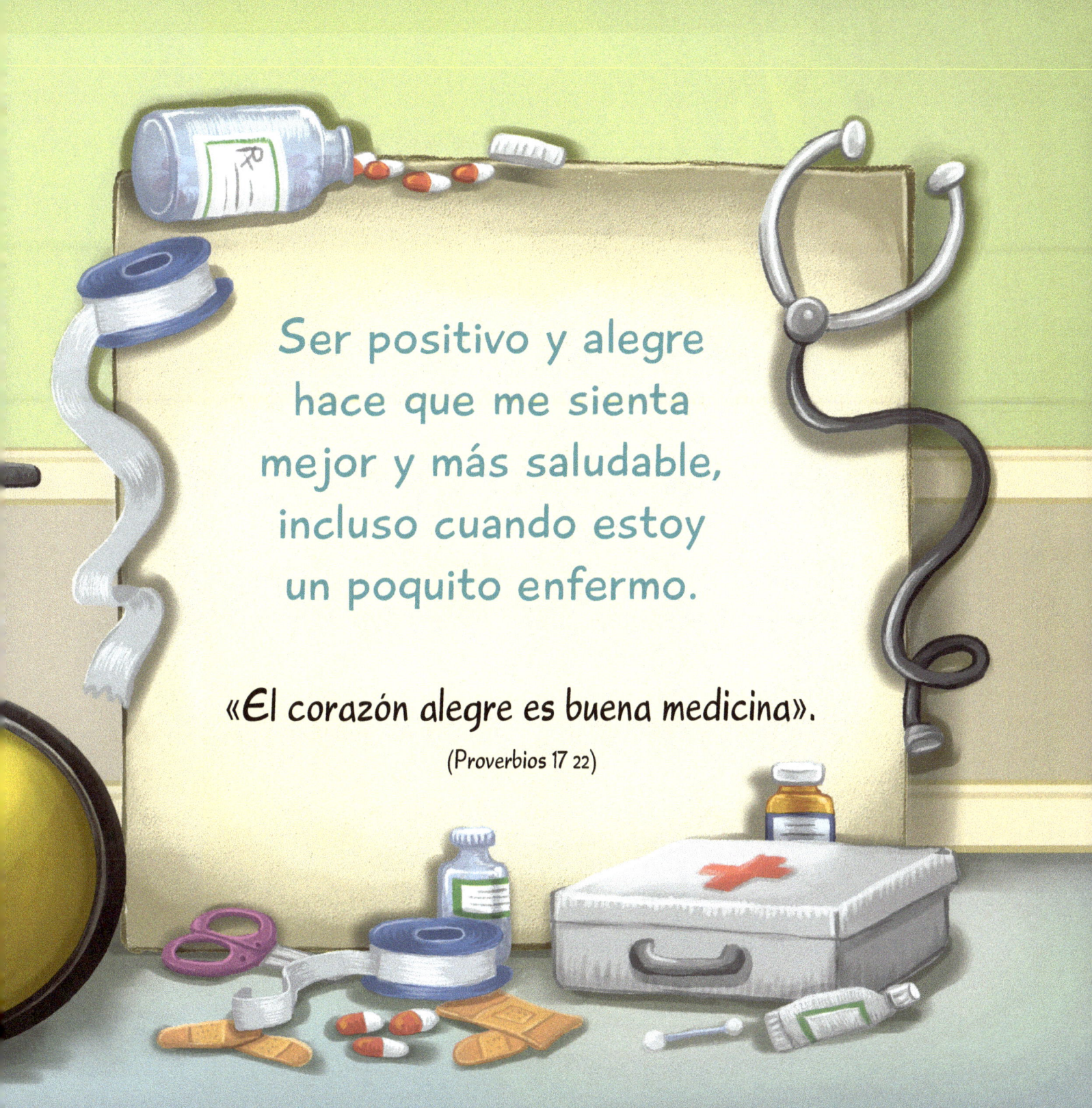

Ser positivo y alegre hace que me sienta mejor y más saludable, incluso cuando estoy un poquito enfermo.

«El corazón alegre es buena medicina».

(Proverbios 17 22)

Es de sabios hablar de manera amable, y es amable hablar con sabiduría.

«Abre su boca con sabiduría, y hay enseñanza de bondad en su lengua».

(Proverbios 19 20)

# No te pierdas la colección

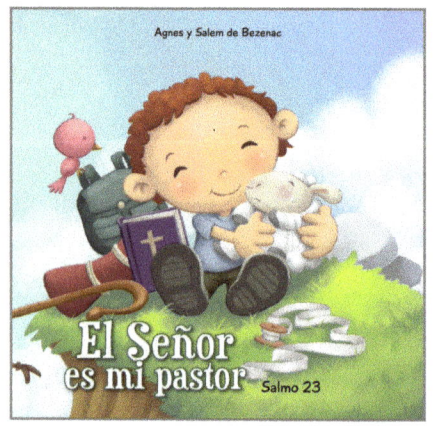

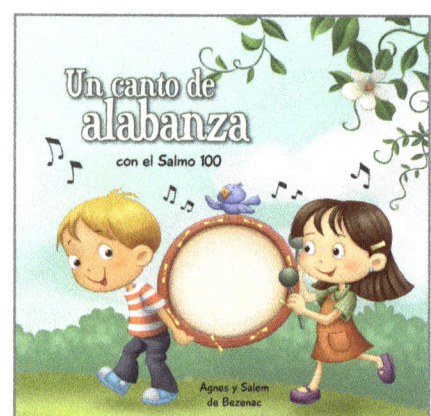

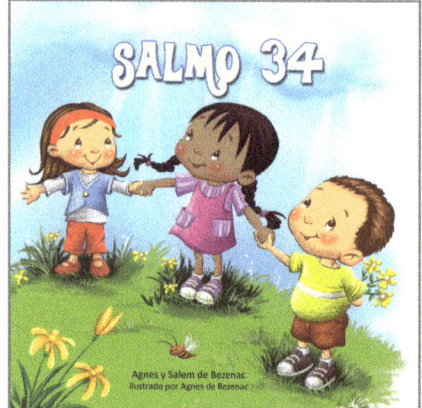

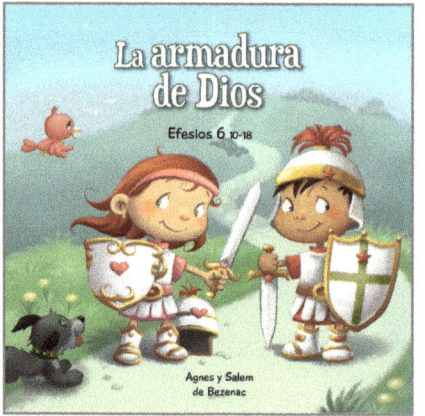
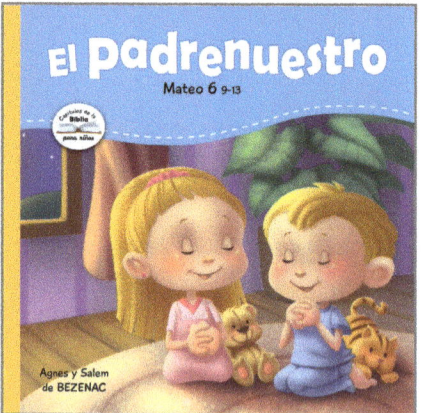

www.ingramcontent.com/pod-product-compliance
Lightning Source LLC
Chambersburg PA
CBHW040011080526
44586CB00028B/2967